NEUE Projekte in der Kita Schulstart

HERDER

FREIBURG · BASEL · WIEN

Inhaltsverzeichnis

Im Interesse der besseren Lesbarkeit und weil Frauen in frühpädagogischen Berufen prozentual stärker vertreten sind als Männer, wird in diesem Buch stets die Leserin angesprochen und auch meist die weibliche Form verwendet, wenn von pädagogischen Fachkräften die Rede ist. Selbstverständlich sind damit aber immer Leser und Leserinnen bzw. männliche und weibliche Fachkräfte gleichermaßen gemeint.

www.herder.de

Illustrationen: Hans-Günther Döring
Coverkonzeption & Layout: Uwe Stohrer, Freiburg
Umschlaggestaltung, Satz und Gestaltung:
Arnold & Domnick, Leipzig

Herstellung: Medienhaus Plump, Rheinbreitbach
Printed in Germany

ISBN 978-3-451-39447-8

Vorwort

„Nie wieder ist ein Mensch so neugierig, so entdeckerfreudig, so gestaltungslustig und so begeistert darauf, das Leben kennen zu lernen, wie am Anfang seines Lebens. Diese Begeisterungsfähigkeit, diese enorme Lernlust und diese unglaubliche Offenheit der Kinder sind der eigentliche Schatz der frühen Kindheit."
(Gerald Hüther, Hirnforscher)

Lernen geschieht auf der Basis von unterschiedlichen Sinneseindrücken und ihrer Verarbeitung. In der Kita haben Kinder die Möglichkeit eigene Vorlieben, Interessen und Stärken zu entwickeln. Sie spielen, toben, klettern, schaukeln, matschen, balancieren nach Herzenslust und sammeln dabei wichtige Bewegungs- und Sinneserfahrungen. Mit anderen Worten: Kinder lernen vom Beginn ihres Lebens an, während sie mit kindlicher Freude und Lernlust ihren Körper und die Umwelt entdecken. Nur durch reichlich Bewegung und die Aktivierung aller Sinne (Kinästhetik/Bewegungssinn, vestibuläres System/Gleichgewichtsorgan, propriozeptives System/Tiefenwahrnehmung, taktiles System/Tastsinn, visuelles System/Sehsinn, auditives System/Hörsinn, olfaktorisches System/Riechsinn, gustatorisches System/Geschmackssinn) gelingt die Vernetzung von Nervenzellen im Gehirn, die ein Mensch zum Lernen benötigt. Die Neugier der Kinder auf die Umwelt sowie ihre Motivation und emotionale Befindlichkeit tragen entscheidend zum Lernen bei. Lernen ohne Angst und Stress sollte in dieser wichtigen Lebensphase im Vordergrund stehen, denn dann vernetzen sich die Nervenzellen im Gehirn viel leichter und Gelerntes kann nachhaltig im Gehirn abgespeichert werden. Mit dem Systemwechsel Kita-Schule ändern sich die Randbedingungen. Das System Schule basiert auf Lehrplänen und mit der Benotung von Leistungen müssen Kinder und Eltern erst lernen, klar zu kommen. Dazu braucht es starke, selbstbewusste Kinder, die bereit und fähig sind, in Gruppen zu lernen und zu arbeiten. Mit dem vorliegenden Band „Neue Projekte in der Kita – Schulstart" und den weiteren, noch folgenden Projektideen können Sie dazu beitragen, die Vorschulkinder Ihrer Einrichtung partizipativ auf alle wichtigen Lernbereiche für ein erfolgreiches Lernen in der Grundschule mit allen Sinnen vorzubereiten.

Ich wünsche Ihnen und Ihren Vorschulkindern eine anregungsreiche Vorschularbeit, spannende Erfahrungen und Aktionen für einen gelingenden Schulanfang.

Regina Bestle-Körfer

Pädagogische Einführung in die Projektarbeit

Projekte in der Kita

Wer die Gegenwart und Zukunft mitbestimmen und mitgestalten möchte, sollte von klein auf die Möglichkeit bekommen, seiner Neugier auf den Grund zu gehen und eigene kreative Ideen möglichst selbsttätig verwirklichen zu können. Zusammen mit anderen Kindern, mit Eltern und pädagogischen Fachkräften – in einem Dialog auf Augenhöhe – können Kinder sich ihre Lebenswelt auf vielfältige Art und Weise erschließen und begreifbar machen. Projektarbeit in der Kita, die sich über einen längeren, selbst gewählten Zeitraum mit einem Thema intensiv beschäftigt, setzt an den Bedürfnissen und Interessen der Kinder an und vermittelt ganzheitliche Lernerfahrungen: entdeckendes Lernen, Exploration, Öffnung des Sozialraums (Besichtigungen, Ausflüge, Außenaktivitäten, Besuche usw.), Beobachten, Forschen, gemeinsames Reflektieren und Präsentieren bilden die Grundpfeiler einer auf Partizipation, Inklusion, Kooperation und Vielfalt basierende Projektarbeit. Projektarbeit ist Bildungsarbeit, die den Selbstbildungsprozess des Kindes unterstützt. Dabei sollen Eigeninitiative, kreatives Potenzial, Selbständigkeit sowie Verantwortungsbereitschaft gefördert werden.

Die pädagogische Fachkraft in der Projektarbeit

Im Rahmen der Projektarbeit unterstützt die pädagogische Fachkraft die Eigentätigkeit der Kinder, im Sinne einer Prozessbegleitung. Kinder können so zu Gestaltern und Gestalterinnen ihres eigenen Lern- und Selbstbildungsprozesses werden. Projektarbeit in der Kita bietet die Chance dem Explorationsverhalten und der kindlichen Neugier, auf der Grundlage von Partizipation, mehr Raum zu geben. Die Fragen der Kinder nach dem Wieso, Weshalb, Warum werden von der pädagogischen Fachkraft durch anregungsreiche Projektangebote gefördert und fließen in die Projektgestaltung mit ein. Die wertschätzende Beziehungsarbeit bleibt, neben der gewünschten Unterstützung von Selbständigkeit, Partizipation und Selbstbildung, auch während der Projektarbeit der wichtigste Grundpfeiler des Bildungserfolgs. Die Ermutigung, die Kinder von der pädagogischen Fachkraft auf diese Weise erfahren, bildet die Basis für die Entwicklung wichtiger Soft Skills wie Konflikt- und Teamfähigkeit, Empathie und emotionaler Impulssteuerung.

Impulsgeber für die Projektpraxis

Die hier vorliegenden neuen Projektideen zum Thema **Schulstart** verstehen sich als Impulsgeber für die Praxis. Sie beinhalten vielfältige Ideen zur Projektarbeit in Theorie und Praxis und wollen Ihre eigenen Projektideen aufgreifen, ergänzen und bereichern. Die Beschreibung von Lernzielen, Bildungsbereichen sowie Angaben zur Gruppengröße sollen dazu beitragen, Ihre Vorbereitungszeit im pädagogischen Alltag zu minimieren.

Projektpräsentation und Reflexion

Besonders wichtige Bestandteile der Projektarbeit in der Kita sind die Reflexion und Präsentation, jeweils im Anschluss an eine durchgeführte Aktion oder Projekteinheit. In den Reflexionsphasen sollen die Kinder mit gezielten Fragen angeleitet werden, miteinander ins Gespräch zu kommen. Dies stärkt sowohl ihre Sprachkompetenz als auch ihre sozial-emotionalen Kompetenzen, wenn sie lernen, anderen Kindern zuzuhören und sich selbst mitzuteilen. Eingeübte Frage- und Diskussionsrunden in jungen Jahren sorgen langfristig dafür, dass Kinder eine demokratische Gesprächskultur einüben, die für alle weiteren Bildungsprozesse in Schule und Beruf bedeutsam sind. Die abschließende Projektpräsentation (z. B. Familienfest, Ausstellung, Theateraufführung usw.), an der jedes Kind partizipieren sollte, schafft eine Öffentlichkeit für erreichte Projektergebnisse und verdeutlicht Ihr Engagement für die Vermittlung von Bildungsinhalten.

Einsatz von Bildmaterial

Auf 32 Illustrationen, die vom bekannten Bilderbuchillustrator Hans-Günther Döring liebevoll gezeichnet wurden, finden Sie Gesprächsanlässe, Sachinfos, Bastelanleitungen oder einen besonderen szenischen Blick auf Themenausschnitte rund um das Projektthema **Schulstart.** Das farbenfrohe Bildmaterial kann mit den Kindern zusammen betrachtet und als Einstiegs- oder Reflexionsimpuls gezielt zum Einsatz kommen. So schaffen die Illustrationen Sprachanlässe und können zu einer alltagsintegrierten Sprachförderung beim regelmäßigen Betrachten und Erzählen beitragen.

Hintergrundinformationen

Schulische Vorläuferfähigkeiten

Die Kita gilt gemeinhin als Ort des Spielens und der Eintritt in die Schule als „Stunde Null", in der das „Lernen" beginnt. Doch bereits in der frühen Kindheit wird „gelernt" und besonders im Vorschulalter werden die sogenannten „schulischen Vorläuferfähigkeiten" – sprachliche, sozial-emotionale, grob-, fein-, grafomotorische und kognitive Fähigkeiten – ausgebildet. Sie schaffen die Voraussetzungen, um die Kulturtechniken Lesen-Schreiben-Rechnen in der Grundschule zu erlernen.

Grob,- fein- und grafomotorische Fähigkeiten

Die Gesamtheit aller Körperbewegungen wird als Motorik bezeichnet und vom zentralen Nervensystem gesteuert. Vom hilflosen, liegenden Säugling zum sportlich aktiven Vorschulkind ist es motorisch ein langer, übungsreicher Weg. Kinder sind von Natur aus bewegungsfreudig und lernen ihren Körper in der Bewegung kennen und bewusst steuern. Die wichtigste motorische Leistung im Übergang von der Kita in die Grundschule ist die Ausdifferenzierung und Weiterentwicklung von der Grobmotorik hin zur Fein- und Grafomotorik. Dazu benötigen Kinder eine anregungsreiche Umgebung mit täglichen feinmotorischen Übungen (z. B. schneiden, malen, basteln usw.) und sie benötigen dafür Unterstützung und Anleitung.

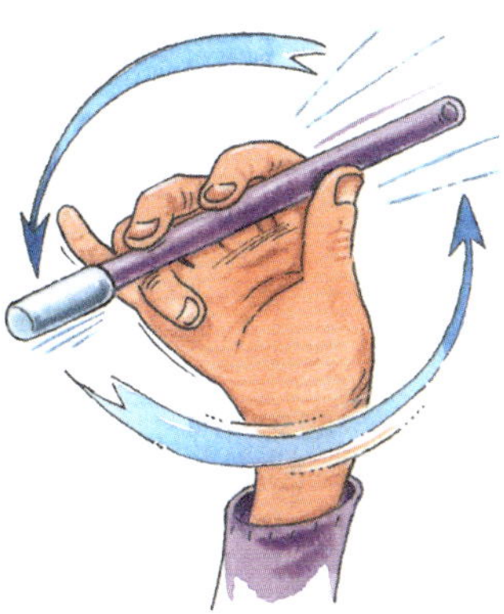

Es gilt, Handgeschicklichkeit und Stifthaltung, eine feindosierte Bewegung der Finger, bis hin zur angemessenen Kraftdosierung der Hände, einzuüben. Jedes Vorschulkind sollte bis Schuleintritt in der Lage sein, seinen Vornamen in Druckbuchstaben auswendig auf einer Linie zu schreiben. Die Grafomotorik (Produktion von grafischen Zeichen mit Hand und Stift) bildet die motorische Voraussetzung für das Erlernen einer flüssigen Handschrift, die vergleichbar mit dem Laufenlernen auf automatisierten motorischen Bewegungsabläufen beruht.

Sozial-emotionale Fähigkeiten

Der Übergang in die Schule ist nicht nur formal ein Systemwechsel, er ist auch ein neuer Lebensabschnitt für das Vorschulkind und seine, Familie. Übergänge im Leben sind immer mit emotionalen Herausforderungen verbunden. Zu den emotionalen Vorläuferfähigkeiten zählen in erster Linie Selbstvertrauen, Frustrationstoleranz, Kritikfähigkeit und Selbstständigkeit. Das Vorschulkind sollte in der Lage sein: eigene Bedürfnisse angemessen äußern zu können, aber auch einen Bedürfnisaufschub auszuhalten, sich zu trauen vor einer Gruppe zu sprechen und sowohl die Trennung von seinen Bezugspersonen als auch Misserfolge zu verkraften. Emotionale Vorläuferfähigkeiten knüpfen direkt an die sozialen Vorläuferfähigkeiten an. Dazu zählen vorrangig Konfliktfähigkeit, Rücksichtnahme, Teamfähigkeit. Das Vorschulkind sollte sich an Regeln (z. B. Gesprächsregeln – zuhören und ausreden lassen) halten, abwarten und teilen können. Auch die Fähigkeit, Verantwortung zu übernehmen, sowohl für sich selbst als auch für andere, ist elementar für das Lernen in Gruppen.

Sprachliche Fähigkeiten

Während der Erwerb der Muttersprache in der Regel ohne gezieltes Üben gelingt, ist der Schriftspracherwerb in der Schule ein komplexer und übungsreicher Weg. Als bedeutsamste sprachliche Vorläuferfähigkeit für den Schriftspracherwerb gilt die Phonologische Bewusstheit – die Fähigkeit, einzelne Worte in ihrer formalen Struktur zu erkennen. Dazu zählen: Lautunterscheidung, Reime hören, erkennen und selbst bilden, Silben klatschen. Damit Kinder ein Gefühl für den Sprachrhythmus und den Klang der Sprache bekommen, sollten sie zum gemeinsamen Sprechen (Reime, Lieder, Gedichte) animiert werden. So lernen sie, Gehörtes, Lautfolgen, Reime und Inhalte der Sprache im Kurzzeitgedächtnis zu speichern.

Wer gelernt hat, Anlaute und Reime zu erkennen, Wörter in Silben zu trennen, wird auf das Schreibenlernen gut vorbereitet. Ein Vorschulkind sollte in der Lage sein, sinnzusammenhängend und in grammatikalisch korrekten, vollständigen Sätzen (Verwendung von Nebensätzen, Vergangenheitsform) zu erzählen, Oberbegriffe (z. B. Gemüse, Obst, Berufe usw.) zu kennen und zu verwenden. Mit fünf Jahren besitzen Kinder in der Regel einen passiven Wortschatz (Wortverstehen) von rund 9.000 – 14.000 Wörtern und einen aktiven Wortschatz (Wortproduktion) von 3.000 – 5.000 Wörtern.

Kognitive Fähigkeiten

Zu den kognitiven Vorläuferfähigkeiten zählen eine Reihe von Wahrnehmungsleistungen des visuellen Bereichs: Farben, geometrische Formen, Größen, Mengen, Muster, Lagebeziehungen (z. B. vor-hinter, oben-unten, rechts-links) erkennen, benennen, unterscheiden können. Sie sind wichtiger Bestandteil der mathematischen Früherziehung. Hierbei geht es um den Transfer von gemachten Wahrnehmungserfahrungen aus dem dreidimensionalen Bereich in die Abstraktionsfähigkeit, im Sinne einer Denkleistung ohne direkten Erfahrungsbezug. Das bedeutet für den mathematischen Bereich, dass das Vorschulkind in der Lage sein sollte von 1–10 vorwärts und rückwärts zu zählen, kleine Mengen (z. B. Würfelbilder) simultan, ohne abzuzählen, zu erfassen, die Zahlreihe bis 20 aufzählen zu können sowie einfache Größen- und Mengenvergleiche im zweidimensionalen Bereich auf einem Arbeitsblatt einordnen und selbstständig bearbeiten zu können. Weitere wichtige kognitive Vorläuferfähigkeiten sind: Muster erkennen und fortsetzen, Bilder ordnen, Unterschiede und Gemeinsamkeiten erkennen können sowie die Entwicklung eines Zeitbegriffs (z. B. heute, gestern, morgen).

Ablauf des Schulstart-Projekts

Aufbau und Inhalte

Vier Einführungsseiten und vier Ideen zum Projektabschluss bilden die Klammer für die vier Projekt-Kapitel: „Ich bin ein Vorschulkind", „Fingerspitzengefühl", „Buchstaben- und Zahlenzauber", „Teamfähigkeit". Hier finden Sie jeweils u.a. Anregungen zur Beschäftigung mit den Themen Fein- und Grafomotorik, Sprache, Literacy und mit der Bedeutung von phonologischer Bewusstheit für den Schriftspracherwerb, mit den Grundlagen früher mathematischer Bildung, mit Interaktionen und Spielen, die den Zusammenhalt fördern und ein Team-Gefühl erlebbar machen.

Jedes Kapitel umfasst sechs Projektkategorien, die in jedes Unterthema einführen und es vertiefen:

- Alle Kapitel starten mit einem **Einstiegsimpuls**, in dem die Kinder spielerisch an das Projektthema herangeführt werden.
- Im **Sozialen Rollenspiel** haben die Kinder die Möglichkeit, im Ratespiel durch geschicktes Fragen ihre Rolle zu finden, im Klatschspiel mit einem Partnerkind rhythmische Erfahrungen zu sammeln, einmal Sprachdetektive zu sein und spannende Kooperationsspiele miteinander zu spielen.
- In der Projektkategorie **Umwelt entdecken** finden Sie Anregungen für den Besuch einer Grundschule, einer Bücherei, eines Museums oder Theaters.
- Im Bereich **mit allen Sinnen** finden Sie ein Bewegungsspiel, einen Gesellschaftsspiele-Führerschein, Fingerübungen zum Schreiben lernen, kinästhetische Übungen für die Konzentrationsfähigkeit, Zahlenspiele zur mathematischen Früherziehung, Gemeinschaftserlebnisse, eine Entspannungsreise.
- In der Projektkategorie **Kreatives Gestalten** können Sie anregen, eine Rechenmaus zu basteln, Tierfiguren aus geometrischen Formen zu gestalten, den Umgang mit Nadel und Faden zu üben, ein Tier-Alphabet-Leporello zu gestalten, Gefühle-Fische mit Pastellkreide aufzumalen.
- In der Kategorie **Präsentation** werden im Rahmen eines Familienfestes Ergebnisse präsentiert: z.B. Aufführung eines Finger-Puppen-Theaters, eines Spiellieds in Verkleidung, einer Klanggeschichte.

Eltern einbeziehen (Elternbrief)

Mit dem folgenden Elternbrief und an einem Elternabend können Sie Eltern über das geplante Schulstart-Projekt informieren.

Liebe Eltern!
Es ist soweit. Ihr Kind wird ein Vorschulkind und im nächsten Jahr in die Schule gehen. Wir wollen dieses letzte Jahr in der Kita nutzen und Ihr Kind in einem Schulstart-Projekt darin unterstützen, noch wichtige Lernerfahrungen zu sammeln, die es in seiner vorschulischen Entwicklung zu fördern und seine schulischen Vorläuferfähigkeiten verbessern werden.
Die Projektangebote zielen auf die sozial-emotionalen, motorischen, sprachlichen und kognitiven Vorläuferfähigkeiten Ihrer Kinder und sollen durch ein breites Projektangebot dazu beitragen, dass Ihre Kinder Kompetenzen erwerben, die ihr Selbstwertgefühl stärken. Selbstbewusste Kinder können neue Herausforderungen besser bewältigen. Je sicherer Ihr Kind im Umgang mit Stift und Schere wird, je mehr es seine Sprachkompetenzen erweitert, auf mathematisches Grundwissen zurückgreifen kann und in Gruppen konzentriert arbeiten lernt, umso besser wird es den schulischen Herausforderungen mit Schuleintritt gewachsen sein.
Seien Sie gespannt auf die Projektergebnisse, die Ihnen Ihre Kinder beim Abschiedsfest in der Kita präsentieren werden. Wir freuen uns auf eine lebendige Schulstart-Projektzeit.

Es grüßt Sie herzlich
Ihr Kita-Team

Das Schulstart-Projekt

1. Einführung

„Das Anlautlied"

Lernziel: Stärkung von Konzentration und Merkfähigkeit

Bildungsbereiche: Sozial-emotionale Entwicklung – Singen und Sprache – Phonologische Bewusstheit

Gruppengröße: Klein- und Großgruppe

Aktion: Legen Sie in die Kreismitte Buchstaben und passende Bildkarten zum Lied (z. B. Apfel, Ball, Computer usw.) wild durcheinander. Führen Sie „Das Anlautlied" (siehe Text S. 76 und Melodie: youtube https://www.youtube.com/watch?v=E9O7WmNNnN4) ein, und wenn die Kinder das Lied gehört und gesungen haben, versuchen alle spielerisch die Bildkarten und passenden Buchstaben zusammenzuführen.
Die häufige Wiederholung des Spielliedes verbessert die Merkfähigkeit der einzelnen Buchstaben und stärkt die phonologische Bewusstheit, eine wichtige Vorläuferfähigkeit für das Schreibenlernen.

Reflexion: Mit welchem Buchstaben fängt euer Vorname an? Welche Wörter fangen noch mit eurem Anfangsbuchstaben an?

Ausblick und Planung: Die Kinder schreiben ihren Namen mittig auf ein Blatt. Aus Zeitschriften schneiden sie die Buchstaben aus, die zu ihrem Namen gehören, und kleben sie ebenfalls auf.

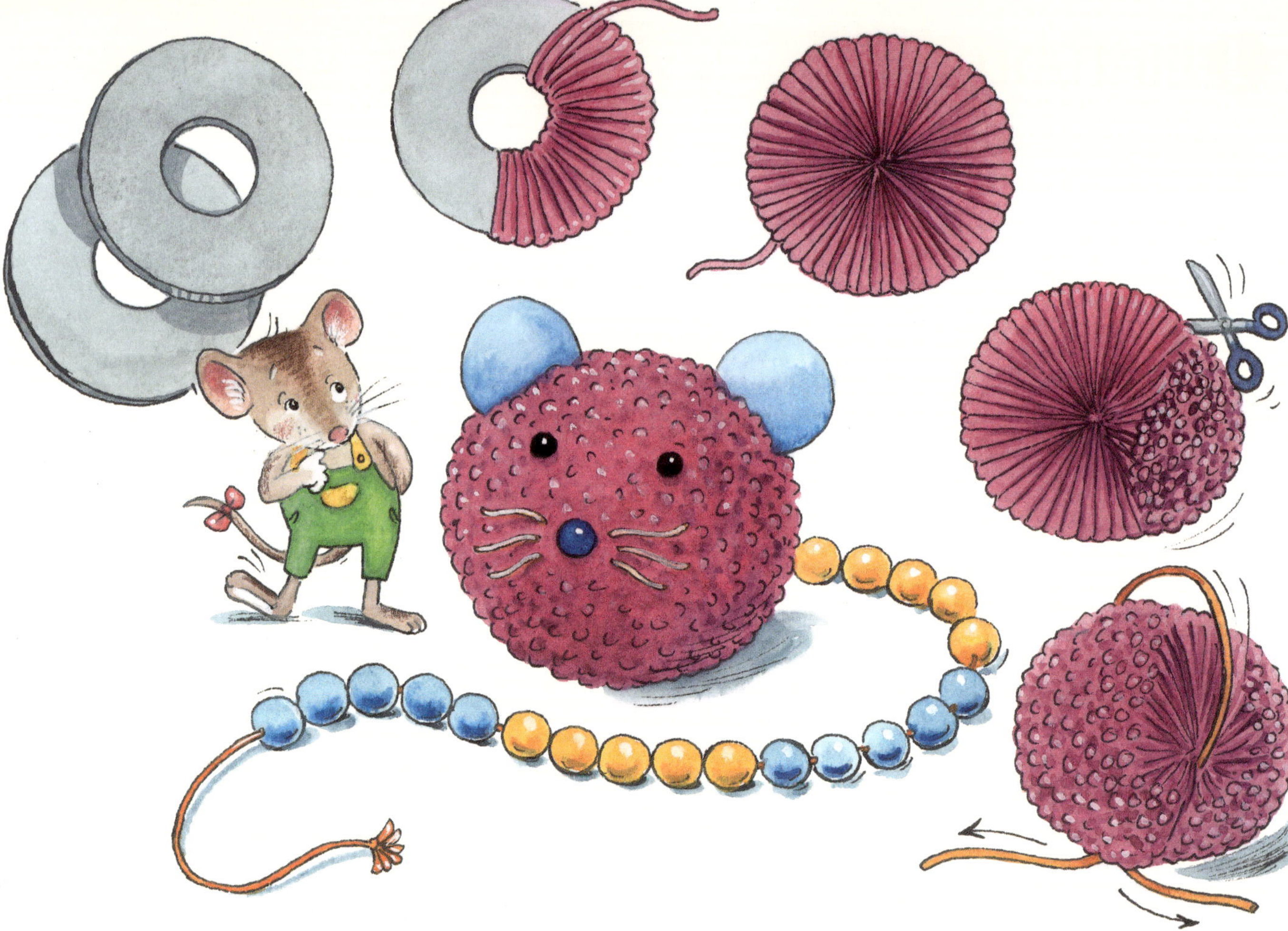

1. Einführung

Rechenmaus/Rechenkette basteln

Lernziel: Mengenerfassung bis 20 üben

Bildungsbereiche: Feinmotorik und Geschicklichkeit – Kreativität und Fantasie – Mengenverständnis und frühe mathematische Bildung

Gruppengröße: Kleingruppe

Aktion: Jedes Vorschulkind bastelt eine Rechenmaus – aus Wolle einen Pompon basteln (siehe Illustration). Diesen mit Filzohren, Augen, Schnäuzchen versehen. Für das Rechenschwänzchen einen Wollfaden mit 20 Perlen aufziehen – fünf Perlen im Wechsel, auf zwei Farben beschränken – an die Wollmaus anknoten. Um die Perlen verschieben zu können, den Wollfaden etwas länger lassen. Mit der Rechenmaus üben die Kinder das Zählen und die Mengenerfassung bis 20 (das ist der Zahlenraum für Erstklässler).

Reflexion: Wie viele Perlen hat eure Rechenmaus? Welche beiden Farben habt ihr gewählt?

Ausblick und Planung: Übungen mit der Rechenkette: 1. *Vorwärts zählen* und dabei jede Perle anfassen und verschieben. 2. *Rückwärts zählen* – mit kleinen Mengen beginnen, jede Perle anfassen und verschieben. *3. Simultanes Mengenerfassen bis 10* üben – zunächst 2, 3, 4 usw. Perlen verschieben, die Kinder fragen, wie viele es sind.

1. Einführung

Bewegungsspiel „Ein Hut, ein Stock, ein Regenschirm"

Lernziel: Zählen und rhythmisch bewegen

Bildungsbereiche: Körperwahrnehmung und Konzentration – Rhythmus und Sprache – frühe mathematische Bildung

Gruppengröße: Groß- und Kleingruppe

Aktion: Alle stehen im Kreis, sprechen zusammen den Vers und bewegen sich dazu: „Und eins und zwei und drei und vier und fünf und sechs und sieben und acht! Ein Hut, ein Stock, ein Regenschirm! Und vorwärts, rückwärts, seitwärts, ran! Hoch, runter, zickzack!" Entweder auf der Stelle marschieren oder vorwärtsgehen. Nach „Regenschirm" anhalten, den rechten Fuß nach vorne, hinten, seitwärts setzen, den Fuß kurz anheben und mit den Knien wackeln. Im nächsten Durchgang die Bewegungen mit dem linken Fuß wiederholen.

Reflexion: Wo ist vorne, hinten, rechts, links, oben, unten?

Ausblick und Planung: Alle stehen in einer Reihe hintereinander, legen ihre rechte Hand auf die rechte Schulter des vorderen Kindes, gehen im Gleichschritt und führen die Fußbewegungen möglichst synchron aus.

1. Einführung

Museums- und Theaterbesuch

Lernziel: Neugier entwickeln, neue Erfahrungen sammeln, den Horizont erweitern

Bildungsbereiche: Gesellschaft und Bildung – Sinneswahrnehmung und Kreativität

Gruppengröße: Kleingruppe

Aktion: Neugier gilt als der Motor des Lernens. Der Übergang von der Kita in die Grundschule erfordert die Öffnung der Bildung innerhalb der Kita in die Mitte der Gesellschaft hinein. Die Bereiche *Kunst und bildnerisches Gestalten, Natur und Umwelt, Theater und Sprache, Musik und Tanz* eignen sich für spannende Museums- bzw. Theaterbesuche mit pädagogischem Angebot, um Ihre Vorschulkinder für Neues zu begeistern und um kreative, ganzheitliche, neue Bildungserfahrungen mit allen Sinnen zu sammeln.

Reflexion: Wer hat schon einmal ein Museum besucht? Wer ein Theater?

Ausblick und Planung: Betrachten Sie zusammen das Bilderbuch „Ein Museumstag" von S. Mattiangeli und V. Nikolova. Aus der Kinderperspektive – der Sicht der kleinen Anna – wird ein Museumsbesuch lebendig vermittelt.

Aa
Cc
Dd
Jj
Ee
Ff
Kk
B
G
Ll

Einstiegsimpuls

2. Ich bin ein Vorschulkind

Wir sind... die schlauen Füchse!

Lernziel: Rollenwechsel vom Kindergarten- zum Vorschulkind

Bildungsbereiche: Selbstbewusstsein und Partizipation – sozial-emotionale Entwicklung

Gruppengröße: Kleingruppe

Aktion: Der Übergang von der Kita in die Grundschule ist eine entwicklungsreiche Zeit, in der Kinder viel lernen und ihrer Neugier auf den Grund gehen. Ob es die Ausflüge zu Polizei, Feuerwehr usw. sind oder Projekte, in denen die Kinder sich mit Zahlen, Buchstaben, Sprache, Grafomotorik befassen: Jede neue Lernerfahrung fördert Selbstständigkeit und Selbstvertrauen und hilft den Wechsel von der Kita in die Grundschule vorzubereiten. Mit welchem Namen werden die Vorschulkinder in Ihrer Kita angesprochen? Die Kinder geben sich, im Rahmen von Partizipation, selbst einen Namen. (z.B. Schlaue Füchse, Maxis, Wackelzahnbande, Gipfelstürmer, Schlaumeier, Pfiffikuskinder, ABC-Strolche, Kluge Eulen, usw.).

Reflexion: Auf welche Ausflüge seid ihr besonders gespannt? Was möchtet ihr lernen?

Ausblick und Planung: Lesen Sie die Geschichte „Die schlauen Füchse besuchen die Grundschule" (s. S. 76/77) vor.

2. Ich bin ein Vorschulkind

Schnuppertag in der Grundschule

Lernziel: Den Übergang von der Kita in die Grundschule vorbereiten

Bildungsbereiche: Selbstständigkeit und Selbstvertrauen – Erweiterung des Sozialraums

Gruppengröße: Kleingruppe

Aktion: Die Vorschulkinder lernen den zukünftigen Lernort Grundschule an einem Schnuppertag kennen. Entweder werden sie von ihren Eltern oder von älteren Schülerinnen und Schülern der Grundschule, die im Rahmen des Schnuppertags eine Patenschaft übernehmen, begleitet. Am Schnuppertag lernen die Vorschulkinder eine Schule und ihre Räume – Klassenzimmer, Sekretariat, Schulhof, Sporthalle, Offene Ganztagsschule mit Mensa usw. – kennen und erwerben einen Schulkind-Pass in der Turnhalle.

Reflexion: Welche Räume habt ihr in der Schule kennengelernt? Wie hat euch der Parcours in der Turnhalle gefallen? Wie hieß eure Patin oder euer Pate?

Ausblick und Planung: Als besonderer Höhepunkt des Schnuppertags erleben die Vorschulkinder einen Sinnes- und Bewegungsparcours (Balancieren über eine Turnbank, Schaukeln an Seilen und Ringen, Klettern an einer Sprossenwand usw.) in der Turnhalle. Für jede Station, die die Kinder absolviert haben, erhalten sie einen Stempel im Schulkind-Pass.

2. Ich bin ein Vorschulkind

Ein Besuch im Zoo

Idee: Tierfiguren aus geometrischen Formen gestalten

Lernziel: Geometrische Formen erkennen und benennen

Bildungsbereiche: Kreativität und Fantasie – Feinmotorik und taktile Wahrnehmung – frühe mathematische Bildung

Gruppengröße: Kleingruppe

Aktion: Fertigen Sie Malvorlagen mit geometrischen Formen in verschiedenen Größen und Farben an: Kreise, Quadrate, Rechtecke, Dreiecke und lassen sie von den Kindern ausschneiden. Auf ein leeres Blatt Papier die geometrischen Formen so aneinanderlegen, dass Tiere wie Vogel, Katze, Maus, Hase, Elefant u.Ä. entstehen. Im Anschluss kleben die Kinder ihre gelegten Tierfiguren auf das Blatt.

Reflexion: Wer kennt Dreieck, Rechteck, Kreis, Quadrat?

Ausblick und Planung: Stellen Sie Montessori-Lernmaterialien zur Verfügung – z.B. *Geometrische Tangram-Muster aus Holz,* mit denen die Kinder Erfahrungen mit geometrischen Formen vertiefen können, oder das *Fischmosaik aus Holz,* bei dem der Fisch ein neues Schuppenkleid bekommt, das genauso aussehen soll wie auf der Vorlage.

B b

2. Ich bin ein Vorschulkind

Ratespiel „Wer oder was bin ich?"

Lernziel: Sinnentnehmende Sprachvermittlung

Bildungsbereiche: Sprache und Wortschatz – Kognitive Entwicklung und Abstraktionsfähigkeit

Gruppengröße: Kleingruppe

Aktion: Bereiten Sie Haftnotizen mit gemalten Symbolen (Tiere, König/Königin, Schneemann, Hexe, Dinosaurier usw.) vor. Ein Kind bekommt eine Haftnotiz auf die Stirn geklebt und stellt den anderen Fragen: „Bin ich ein Mensch? Bin ich ein Tier? Bin ich eine Sache? Bin ich groß/klein?" usw. Die Fragen werden mit Ja oder Nein beantwortet. Helfen Sie den Kindern, die noch Probleme haben, geschickte Fragen zu stellen. Besonders wichtig bei diesem Spiel sind die Erweiterung des Wortschatzes durch die häufige Wiederholung von Fragen und das Üben des sinnentnehmenden Gehalts der Sprache. (Tipp: Dieses Spiel gibt es zu kaufen – *Wer bin ich?* von Haba)

Reflexion: Wer war ich im Ratespiel? War ich ein Mensch, ein Tier oder eine Sache?

Ausblick und Planung: Alternativ das Ratespiel mit einem Partnerkind, das die Lösung kennt, spielen. Das Partnerkind unterstützt den Rateprozess durch pantomimische Bewegungen, darf aber nicht sprechen.

2. Ich bin ein Vorschulkind

Gesellschaftsspiele-Führerschein

Lernziel: Miteinander Regeln erlernen

Bildungsbereiche: Sinneswahrnehmung und Konzentration – Sprache und Wortschatz

Gruppengröße: Kleingruppe

Aktion: Gesellschaftsspiele (Karten-, Würfel-, Brettspiele) helfen Kindern, Regeln zu verstehen und einzuhalten. Auch abwarten lernen, geduldig sein, Reihenfolge einhalten, Frust und Ehrgeiz gehören dazu. Stellen Sie Gesellschaftsspiele für die Vorschulkinder zusammen und ermuntern Sie sie täglich, zu spielen und Stempel in einem Gesellschaftsspiele-Führerscheinheft zu sammeln. Beim Würfeln und Abzählen werden Mengen spielerisch erfasst, Formen zugeordnet, Konzentration und Gedächtnisleistungen ganz nebenbei verbessert.

Reflexion: Welches Gesellschaftsspiel ist mein Lieblingsspiel? Was kann ich schon sehr gut? Was muss ich noch üben?

Ausblick und Planung: Gesellschaftsspiele für Vorschulkinder sollten interessant aufgebaut und für mehrere Kinder geeignet sein, um die Teamfähigkeit zu fördern (z.B. *Uno, Tiptoi – Das Geheimnis der Zahleninsel, Mensch ärgere dich nicht, Dobbel, Phase 10, Schnappt Hubi, Zahlenzwerge, Geistertreppe, Der verzauberte Turm, Sagaland, Rund um den Kalender* o.Ä.).

2. Ich bin ein Vorschulkind

Geschichte vom kleinen Pustewind

Lernziel: Gut hinhören und konzentrieren

Bildungsbereiche: Sprache und Literacy – auditive Wahrnehmung und Konzentration

Gruppengröße: Kleingruppe

Aktion: Lesen Sie die Geschichte vor. Hören die Kinder das Wort *Puste* springen sie: „Es war einmal ein kleiner *Puste*wind. Der wirbelte am liebsten durch die Luft und wollte ganz viel *Puste*wind machen. Eines Tages *pustete* er so viele Blätter von den Bäumen, dass er abends keine *Puste* mehr übrig hatte. Da war der kleine *Puste*wind sehr betrübt. Um den kleinen *Puste*wind von seinem Kummer abzulenken, hatten seine Eltern eine Idee. Zusammen flogen sie hinauf zum Himmel. Auf dem Wolkentrampolin hatte der kleine *Puste*wind so viel Spaß, dass er abends müde ins Bett fiel. Als der kleine *Puste*wind am Morgen erwachte, saßen seine *Puste*windeltern mit einer *Puste*blume an seinem Bett. Der kleine *Puste*wind musste lachen. Er holte tief Luft und *pustete* alle Schirmchen vom Stängel. Seine *Puste* war wieder da, was für ein Glück!“ *(Regina Bestle-Körfer)*

Reflexion: Warum war der kleine Pustewind traurig? Welche Idee hatten seine Eltern?

Ausblick und Planung: Die Kinder gestalten ein großes Pusteblumen-Gemeinschaftsbild aus vielen Handabdrücken und führen „Die Geschichte vom kleinen Pustewind“ am Kindergarten-Abschlussfest auf.

3. Fingerspitzengefühl

Grafomotorische Spielideen

Lernziel: Fingerfertigkeit üben

Bildungsbereiche: Fein- und Grafomotorik – taktile Wahrnehmung – Auge-Hand-Koordination

Gruppengröße: Klein- und Großgruppe

Aktion: Um eine flüssige Handschrift zu erlernen, bedarf es einer differenzierten *Feinmotorik* (koordinierte Bewegung von Händen und Fingern) und *Grafomotorik* (Produktion von grafischen Zeichen mit der Hand und einem Schreibgerät):

- **Pendelschwingen:** Mit einem Stift einen Regenbogen über ein großes Blatt Papier in Pendelbewegungen von rechts nach links und zurück schwingen; beidhändig mit zwei Stiften große Kreise und Achten schwingen.
- **Stiftakrobatik:** Einen Stift im Dreipunktgriff fassen und ohne Hilfe bis zum Stiftende und wieder zurücklaufen; den Stift wie einen Propeller zwischen den Fingern drehen; den Stift auf den Tisch legen, die Hand daneben und jeden Finger einzeln über den Stift steigen lassen.

Reflexion: Was könnt ihr mit Stiften alles machen? Malen, den Namen schreiben? Was noch?

Ausblick und Planung: Vorschulkinder, die noch ungern malen, täglich an fein- und grafomotorische Spiele heranführen, damit sie Erfahrungen mit Stiften sammeln. Das Erlernen der Kulturtechnik Schreiben baut wesentlich auf diese frühen Erfahrungen auf.

3. Fingerspitzengefühl

Fingerübungen

Lernziel: Fingerkraft entwickeln und Kraftdosierung üben

Bildungsbereiche: Fein- und Grafomotorik – taktile Wahrnehmung und Konzentration – Auge-Hand-Koordination

Gruppengröße: Klein- und Großgruppe

Aktion:

- **Wäscheklammer-Post:** Jedes Kind erhält eine Wäscheklammer. Eine Postkarte im Kreis mit der Wäscheklammer weitergeben.
- **Wollknäuel aufwickeln:** In der Kreismitte befinden sich Spielautos an einem Wollfaden. Auf ein Startkommando den Wollfaden über einen Stift wickeln, das Auto zu sich heranholen.
- **Nagelbrett:** Mit einem Hammer kurze Nägel in ein Brett schlagen. Zwischen die Nägel Haushaltsgummis spannen. Alternativ eine Pusteblume auf das Brett malen, die Nägel gezielt auf dem Brett platzieren. Haushaltsgummis von Nagel zu Nagel spannen, bis eine Pusteblume entsteht.

Reflexion: Welche Fingerübung ist mir leicht gefallen? Welche muss ich noch üben?

Ausblick und Planung: Beim **Fingerhäkeln** trainieren Kinder Fingerfertigkeit, Auge-Hand-Koordination und Konzentration (Tipp: Youtube-Video „Häkelschule – Häkeln mit den Fingern", www.youtube.com/watch?v=1DeC3lluOh0).

3. Fingerspitzengefühl

Kinästhetische Übungen

Lernziel: Den Bewegungssinn trainieren

Bildungsbereiche: Sinneswahrnehmung und Bewegung – Tiefenwahrnehmung und taktile Wahrnehmung

Gruppengröße: Klein- und Großgruppe

Aktion: Kinästhetische Übungen verbessern die Konzentrationsfähigkeit. Die Kinästhetik umfasst vier Sinnesbereiche: 1. Bewegungssinn (Bewegungsgeschwindigkeit) , 2. Stellungssinn (Bewegungsabläufe), 3. Kraftsinn (Kraftdosierung), 4. Spannungssinn (Muskelspannung).

- **Zielscheibe Nasenspitze:** Die Kinder stehen mit ausgebreiteten Armen und schließen die Augen. Mit dem ausgestreckten Zeigefinger der rechten und linken Hand versuchen sie abwechselnd ihre Nasenspitze zu treffen.
- **Luftzeichnen:** Lassen Sie die Kinder einfache Figuren (z.B. Kreise, Zacken, Striche, Achten usw.) mit beiden Zeigefingerspitzen in die Luft malen.

Reflexion: Wer kann – mit geschlossenen Augen – Nase, Ohren, Mund, Knie usw. ertasten?

Ausblick und Planung: **Rückenmalen:** Die Kinder sitzen in einer Reihe und malen mit den Fingerspitzen eine Massagegeschichte (s. S. 78) auf den Rücken des vorderen Kindes.

1 2 3 4 5 6 7
IN DER SCHULE WIRD GESCHRIEBEN

3. Fingerspitzengefühl

Klatschspiele

Lernziel: Körperbewegung und Konzentration

Bildungsbereiche: Sprache und Literacy – Rhythmus klatschen und Konzentration

Gruppengröße: Klein- und Großgruppe

Aktion: Während die Klatschlieder gesungen werden, stehen sich immer zwei Kinder gegenüber und klatschen abwechselnd in die eigenen Hände, auf die Oberschenkel, gegen die Hände des Partners, mal langsam, dann das Tempo steigern. Das ist lustig und richtig anstrengend!

- „1, 2, 3, 4, 5, 6, 7, in der Schule wird geschrieben, in der Schule wird gelacht, bis der Lehrer klitsch, klatsch macht, in der Schule wird radiert, bis der Lehrer explodiert!" (www.youtube.com/watch?v=UYzWHSlVJy4)
- „Adam und Eva saßen auf dem Sofa, Sofa krachte, Adam lachte, Eva schrie: Au mein Knie! Da kam der Doktor Wulle Wulle Wull, mit seiner Schwester Kille, Kille, Kill und seinem Bruder Box, Box, Box, der sagt, ich sei ein Ochs, Ochs, Ochs." (www.youtube.com/watch?v=5rU1QYclXqk)

Reflexion: Habt ihr eigene Klatschideen entwickelt? Welches Klatschspiel ist der Hit?

Ausblick und Planung: Die Klatschlieder am Kindergarten-Abschlussfest auf einer Bühne präsentieren.

3. Fingerspitzengefühl

Prickeln, Sticken, Nähen

Lernziel: Umgang mit Nadel und Faden üben

Bildungsbereiche: Kreativität und Fantasie – Feinmotorik und Handgeschicklichkeit

Gruppengröße: Kleingruppe

Aktion: Zeichnen Sie auf runde Pappteller kurze Striche und Punkte im Wechsel. Die Kinder stechen mit einer Prickelnadel bei den Punkten Löcher in den Pappteller, immer dem vorgezeichneten Muster nach. Auf eine Sticknadel einen bunten Wollfaden aufziehen und von oben nach unten durch die geprickelten Löcher ziehen. So entstehen je nach individueller Vorliebe Stickmotive wie Blume, Lolli, Schneckenhaus, Regenbogen o. Ä.

Reflexion: Welche Wollfarben für mein Stickbild habe ich ausgewählt?

Ausblick und Planung: Ausnähbilder oder Stickkarten mit vorgestanzten Löchern und verschiedenen Motiven können im Internet bestellt werden. Sie fördern die Auge-Hand-Koordination und die feinmotorische Geschicklichkeit.

3. Fingerspitzengefühl

Fingerpuppen-Theater

Lernziel: Fingerbeweglichkeit trainieren

Bildungsbereiche: Sprache und Literacy – Kreativität und Feinmotorik – Spielfreude und Fantasie

Gruppengröße: Klein-und Großgruppe

Aktion: Üben Sie das Gedicht „Auf Safari ist es schön" (s. S. 78). Den Refrain sprechen und bei „Auf Safari ist es schön, wir wollen wilde Tiere sehn" mit den Füßen stampfen. Bei „Wir schleichen leise Schritt für Schritt" schleichen alle. Die Strophen vorlesen und wiederholen, bis die Kinder sie auswendig können.
Im Anschluss Tier-Fingerpuppen aus farbigem Tonpapier (siehe Bastelanleitung in der Illustration), die im Fingerpuppen-Theater zum Einsatz kommen, basteln. Wer möchte ein Zebra, einen Löwen, eine Giraffe, einen Elefanten, einen Affen basteln und im Theaterspiel spielen?

Reflexion: Welches Wildtier ist euer Lieblingstier?

Ausblick und Planung: Einen Tisch als Bühne für das Fingerpuppen-Theater aufstellen, einen Kartonrahmen darauf platzieren, in dem die Kinder dann mit ihren Fingerpuppen spielen. Die gebastelten Tierfiguren über die Finger ziehen. Mit tippelnden Fingerspitzen hintereinander über die Bühne laufen, wie im Gedicht beschrieben.

4. Zahlen- und Buchstabenzauber

„Morgens früh um sechs kommt die kleine Hex“

Lernziel: Gedicht auswendig lernen

Bildungsbereiche: Sprache und Konzentration – Reimen und Singen – Zahlenverständnis und mathematische Früherziehung

Gruppengröße: Klein- und Großgruppe

Aktion: Sprechen oder singen Sie den Vers. Zahlen von sechs bis zwölf liegen bereit, alternativ ein Hüpfkästchen mit aufgemalten Zahlen oder eine Uhr mit Zeiger zum Verstellen.

*Morgens früh um **sechs**, kommt die kleine Hex. Morgens früh um **sieben**, schabt sie gelbe Rüben. Morgens früh um **acht**, wird Kaffee gemacht. Morgens früh um **neun**, geht sie in die Scheun'. Morgens früh um **zehn**, holt sie Holz und Spän'. Feuert an um **elf**, kocht dann bis um **zwölf**. Fröschebein und Krebs und Fisch, hurtig Kinder, kommt zu Tisch!*

Reflexion: Was macht die Hexe um sechs, sieben, acht, neun, zehn, elf und zwölf Uhr? Wer kann die Uhrzeiten im Gedicht an einer Uhr zeigen?

Ausblick und Planung: Das Kinderspiel *Die freche Sprech-Hexe* (Ravensburger) fördert die Sprache, indem 2–4 Kinder Zaubertrankzutaten finden müssen, die sich reimen. Zur Belohnung, wenn richtig gereimt wurde, sprechen sie einen Zauberspruch und rühren einen Zaubertrank.

KLEB
A
B
C

4. Zahlen- und Buchstabenzauber

Tier-Alphabet-Leporello

Lernziel: Buchstaben des Alphabets lernen und Anlaute hören

Bildungsbereiche: Kreativität und Fantasie – Sprache und phonologische Bewusstheit – Feinmotorik und Handgeschicklichkeit

Gruppengröße: Kleingruppe

Aktion: Stellen Sie, wie in der Illustration abgebildet, ein Leporello her. Die Kinder schneiden aufgemalte Buchstaben aus. Sie wählen ein Tier zum Buchstaben aus und gestalten den Buchstaben je nach Tier mit charakteristischen Ohren, Schwanz, Rüssel, Kopf usw. Die Tiere alphabetisch geordnet ins Leporello kleben. Alternativ gestaltet jedes Vorschulkind sein eigenes Leporello mit allen 24 Buchstaben des Alphabets.

Reflexion: Mit welchen Buchstaben beginnt euer Vor- und Nachname?

Ausblick und Planung: Das Lernspiel *E wie Elefant* (Ravensburger) trägt ebenfalls spielerisch dazu bei, die Buchstaben des Alphabets zu entdecken.

B
NEU
HEIMISCHE Tiere
VON PONYS UND PFERDEN

4. Zahlen- und Buchstabenzauber

Besuch einer Bücherei

Lernziel: Interesse für Bücher und Schriftsprache wecken

Bildungsbereiche: Sprache und Literacy – Wortschatz und Schriftsprache

Gruppengröße: Klein- und Großgruppe

Aktion: Die Alltagssprache bildet die Grundlage für den späteren Schriftspracherwerb. Beim Spracherwerb spielen kommunikative Fähigkeiten und phonologische Bewusstheit eine entscheidende Rolle. Aus Lauten werden Silben, Wörter, ganze Sätze. Sätze im Sinnzusammenhang verstehen und mit eigenen Worten wiedergeben können, ist eine wichtige Vorläuferfähigkeit für den Übergang von der Kita zur Grundschule. Um Alltags- und Schriftsprache zu fördern, benötigen Kinder regelmäßigen Kontakt zu Büchern (anschauen, Geschichten erzählen, vorlesen, selbst lesen). Die Vorschulkinder stöbern in Büchern und leihen Lieblingsbücher in der Bücherei aus.

Reflexion: Wie heißt euer Lieblingsbuch? Wovon handelt es?

Ausblick und Planung: Mit den Kindern Bücher aus der Reihe „Bildermaus – mit Bildern lesen lernen für die Vorschule und Leseanfänger ab 5 Jahren" (Loewe Verlag) ansehen, z.B.: Benn/Sauerborn, „Geschichten vom ersten Schultag" und Heger/Voigt, „Der beste erste Schultag".

7 2 3 4 5 6 7 8 9 10
1 2 3 4 5 6 7 8 9 10
4
2 6 5 7 1

4. Zahlen- und Buchstabenzauber

Zahlentisch und Zahlentafel

Lernziel: Mengen erfassen und Mengenbegriff entwickeln

Bildungsbereiche: Neugier und Sachwissen – Zahlen- und Mengenverständnis – frühe mathematische Bildung

Gruppengröße: Kleingruppe

Aktion:

- **Zahlentische:** Stellen Sie Tische bereit, auf denen jeweils eine Zahl abgebildet ist. Die Kinder verteilen Würfel, Glas-, Lego-, Duplosteine u. Ä. in der zur Zahl passenden Anzahl auf dem jeweiligen Tisch.
- **Ergänzung:** Zahlenkarten auf den Zahlentischen verteilen und farbige Wäscheklammern bereitstellen. Die Kinder befestigen die entsprechende Anzahl Klammern an den Zahlenkarten.
- **Zahlentafel:** Eine Zahlenraupe an eine Tafel heften und Zahlen und Mengen darunter auf Kärtchen darstellen und zuordnen. Zur Einprägung des Mengenbegriffs die Zuordnung der Kärtchen auf der Zahlentafel regelmäßig wiederholen.

Reflexion: Wer hat eine Lieblingszahl? Aus welchen Zahlen besteht euer Geburtsdatum?

Ausblick und Planung: Singen Sie das Spiellied „Zehn kleine Gespensterchen" (s. S. 77). Die Kinder spielen es mit ihren zehn Fingern, mit ihrer Rechenmaus (s. S. 15) oder als Theaterstück auf einer Bühne.

wau
wau wau!
Miau
Miau!

4. Zahlen- und Buchstabenzauber

Sprachdetektive

Lernziel: Gut hinhören, Sinnzusammenhänge erfassen

Bildungsbereiche: Sprache und Sprachfreude – Konzentration und auditive Wahrnehmung

Gruppengröße: Kleingruppe

Aktion: Erzählen Sie folgende Geschichte, in der einiges nicht stimmt. Wer etwas Falsches erkannt hat, ruft: „Quatsch mit Soße!" und ersetzt das falsche Wort:

„Als ich heute Morgen durch den Park spazierte, hörte ich die Fische in den Bäumen singen. Auf dem Teich schwammen Enten und bellten laut. Über den Weg huschte plötzlich ein klitzekleiner Elefant und verschwand im Mauseloch. Da kam eine bunte Kuh angeflattert und landete auf einer gelben Löwenzahnblüte. Die schwarze Sonne strahlte vom grünen Himmel. Ein Zebra mit buschigem Schwanz hüpfte von Ast zu Ast. Die Bienen miauten und flogen von Blüte zu Blüte, um Pollen zu sammeln. Was für ein verrückter Morgen?" *(Regina Bestle-Körfer)*

Reflexion: Welche Tiere kommen in der Quatschgeschichte vor? Welche im Karnevalslied?

Ausblick und Planung: Singen Sie das Karnevalslied „Trat ich heute vor die Türe" (s. S. 79 und www.youtube.com/watch?v=mil98NNuanQ), in dem auch einiges durcheinander geraten ist.

1 2 3 4 5
9
5

4. Zahlen- und Buchstabenzauber

Zahlenparcours

Lernziel: Zahlen mit allen Sinnen erleben

Bildungsbereiche: Neugier und Zahlenverständnis – frühe mathematische Bildung

Gruppengröße: Klein- und Großgruppe

Aktion: Bauen Sie mit folgenden Elementen einen Zahlenparcours, den die Kinder mit allen Sinnen erfahren.

- **Zahlenschieber:** Aus Holzbausteinen Zahlen von 1–10 auf den Boden legen – die Kinder schieben einen kleinen Ball mit einem Stab durch die gelegten Zahlen.
- **Fühlzahlen:** Aus Pappe Zahlen basteln, mit einem Tuch abdecken – die Kinder ertasten und erraten die Zahlen.
- **Zählen mit Perlen:** In einer Schüssel liegen Perlen, daneben Zahlenkärtchen und Pfeifenputzerdraht – die Kinder fädeln die Perlen in entsprechender Zahl auf.
- **Zahlenspuren:** Poster mit Zahlen von 1–10 in Augenhöhe an die Wand heften – die Kinder fahren mit Buntstiften die Zahlen nach.
- **Zahlentisch und Zahlentafel** (s. S. 51) eignen sich ebenfalls für den Einsatz im Zahlenparcours.

Ausblick und Planung: Die Kinder präsentieren den Zahlenparcours am Familiennachmittag und beziehen ihre Eltern mit ein.

3

5. Teamfähigkeit

Rücken-Zahlen-Telefon

Lernziel: Zusammenarbeiten und Rücksicht üben

Bildungsbereiche: Kinästhetische Wahrnehmung und Konzentration – Kooperation und Zusammenhalt

Gruppengröße: Klein- und Großgruppe

Aktion: Die Kinder sitzen im Kreis (auf dem Boden oder im Stuhlkreis), jedes Kind hat den Rücken eines anderen Kindes vor sich. Ein Kind denkt sich eine Zahl von null bis zehn aus und schreibt sie verdeckt auf. Diese Zahl mit dem Zeigefinger auf den Rücken des Kindes vor sich malen. Hat das Kind die Zahl erkannt, wird sie auf den nächsten Rücken gemalt usw. Das letzte Kind im Kreis malt die Zahl, die es gespürt hat auf ein Blatt Papier. Nun wird verglichen, stimmen beide Zahlen auf den Blättern überein? **Wichtig:** Die Kinder helfen sich gegenseitig (langsam malen, die Zahl wiederholen), damit das Rücken-Zahlen-Telefon gelingen kann!

Reflexion: Wie gut hat euer Rücken-Zahlen-Telefon funktioniert? Wie konntet ihr euch helfen?

Ausblick und Planung: Das Rücken-Zahlen-Telefon erweitern auf das Malen von Großbuchstaben, Formen (Kreis, Dreieck, Viereck, Kreuz, Stern usw.). Alternativ Striche in bestimmter Anzahl malen oder Punkte in bestimmter Anzahl auf den Rücken tupfen und weitergeben.

IN EINEM BOOT
DURCH DEN REIFEN
STAB ABSENKEN

5. Teamfähigkeit

Kooperationsspiele

Lernziel: Kooperation und soziale Interaktion fördern

Bildungsbereiche: Sozial-emotionale Entwicklung – Kooperation und Zusammenhalt

Gruppengröße: Klein- und Großgruppe

Aktion: Kooperationsspiele werden im Team gespielt. Sie fördern Hilfsbereitschaft und Toleranz. Die Kinder gewinnen oder verlieren gemeinsam.

- **In einem Boot:** Auf einem rutschigen Boden auf einer gefalteten Decke im Grätschsitz eng hintereinander sitzen und versuchen, mit den Händen als Ruder voranzukommen.
- **Durch den Reifen:** Einen Kreis bilden und sich an den Händen fassen. Zwischen zwei Kinder wird ein Reifen eingehängt. Die Kinder steigen der Reihe nach durch den Reifen, ohne die Hände loszulassen.
- **Stab absenken:** Mehrere Kinder stehen sich gegenüber, strecken einen Zeigefinger aus und bekommen einen dünnen Holzstab (z. B. Kinderbesenstiel) auf die Finger gelegt, den sie gemeinsam am Boden ablegen.

Reflexion: Wie fühlt es sich an, zusammen ein Ziel zu erreichen?

Ausblick und Planung: Kooperative Lernspiele spielen: Aus der Reihe „Spielend Neues lernen" sind *Der verdrehte Sprach-Zoo* und *ABC-Insel* für die Vorschularbeit geeignet.

5. Teamfähigkeit

Müll-Spaziergang

Lernziel: Gemeinsam Verantwortung übernehmen

Bildungsbereiche: Teamarbeit und Gemeinschaftsgefühl – Umweltschutz und Sachwissen

Gruppengröße: Klein- und Großgruppe

Aktion: Auf einem „Müll-Spaziergang" lernen die Vorschulkinder ihre Wahrnehmung zu schärfen für das, was in die Natur gehört und was nicht. Machen Sie sich mit Mülltüten, Zangen und Handschuhen ausgestattet auf den Weg zu einem nahe gelegenen Waldstück oder Spielplatz und sammeln Müll ein. Bitten Sie Eltern, den „Müll-Spaziergang" zu begleiten und mit darauf zu achten, dass die Kinder nur Hausmüll einsammeln und keine gefährlichen Gegenstände. Laden Sie Ihre Lokalzeitung zur Berichterstattung ein. Damit stärken Sie die Öffentlichkeitsarbeit Ihrer Kita.

Reflexion: Wie viele Mülltüten habt ihr zusammen gesammelt? Warum gehört Müll in den Mülleimer und nicht in die Natur?

Ausblick und Planung: Legen Sie in die Kreismitte leere Behältnisse – Plastikbecher, Glas, Verpackungen, Karton – und lassen Sie die Kinder sortieren. Sprechen Sie über Mülltrennung.

DER WUT-BÄR
DER ANGSTHASE
DIE LACH-MÖWE

5. Teamfähigkeit

Gefühlsfische

Lernziel: Eigene Gefühle verstehen und benennen

Bildungsbereiche: Kreativität und Fantasie – Teamarbeit und Gemeinschaftsgefühl

Gruppengröße: Kleingruppe

Aktion: Betrachten Sie das Bilderbuch „Heute bin ich" von Mies van Hout. Auf jeder Seite ist ein Fisch abgebildet, der ein Gefühl ausdrückt. Bei der Betrachtung lernen Kinder, über Empfindungen zu sprechen und Gefühle zu verstehen. Im Anschluss der Bilderbuchbetrachtung teilen Sie schwarzes Tonpapier aus und bitten die Kinder, ihren Lieblings-Gefühle-Fisch mit Pastellkreide aufzumalen.

Reflexion: Welcher Fisch aus dem Bilderbuch ist euer Lieblingsfisch? Welches Gefühl drückt euer Lieblingsfisch aus?

Ausblick und Planung: Ermuntern Sie die Kinder, andere Gefühlstiere zu malen – einen Wut-Bär, einen Angst-Hasen, eine Lach-Möwe usw. Alternativ können auch Gefühlsmonster, -drachen o.Ä. ausgedacht und gemalt werden.

5. Teamfähigkeit

Im Zauberland

Lernziel: Eigene Bedürfnisse, innere Impulse kurzzeitig zurückstellen

Bildungsbereiche: Sinneswahrnehmung und Konzentration – Gemeinschaftserleben und Kooperation

Gruppengröße: Klein- und Großgruppe

Aktion:

- **Zauberwald:** Alle sind Bäume im Zauberwald und stehen ganz still! Hören die Kinder den Klang der Zauberflöte (Musik), beginnen sie zu tanzen. Ist es wieder still, stehen auch die Bäume still!
- **Zauberstein:** Ein Schätzkistchen mit einem Zauberstein schweigend im Kreis herumgeben. Jedes Kind öffnet das Kistchen, schaut hinein und gibt es weiter.
- **Zauberkreis:** Die Kinder bilden einen Kreis und geben sich die Hände. Ein Händedruck wandert heimlich im Zauberkreis von Hand zu Hand. Das Kind, das den ersten Händedruck weitergibt, sagt „abgeschickt". Das Kind, das als letztes den Händedruck spürt, sagt „angekommen". Das erfordert eine hohe Konzentration!

Reflexion: Welches Zauberlandspiel hat euch gut gefallen?

Ausblick und Planung: Zauberhände: Ein Kind mit verbundenen Augen von einem Partnerkind, das seine Hände auf seine Schultern legt, um ein Hindernis führen.

DIE SCHNITZELJAGD

5. Teamfähigkeit

Team-Erlebnistag

Lernziel: Soziales Lernen in einer Gruppe

Bildungsbereiche: Körperwahrnehmung und Konzentration – Spielfreude und Kooperation

Gruppengröße: Klein- und Großgruppe

Aktion: An einem Team-Erlebnistag verbringen die Vorschulkinder einen ganzen Tag miteinander. Sie bereiten das Frühstück zusammen vor (Obstsalat schnippeln, Brötchen backen usw.) und essen zusammen, erleben einen Bewegungsparcours in der Turnhalle (s. S. 23), spielen Kooperationsspiele (s. S. 59), erleben das Zauberland (s. S. 65) und spielen Rücken-Zahlen-Telefon (s. S. 57). Im Außengelände erleben sie eine Schatzsuche oder spielen eine Schnitzeljagd, und stärken dabei ihren Gruppenzusammenhalt. Ebenfalls geeignet für einen Team-Erlebnistag sind kreative Gemeinschaftserlebnisse wie Gefühlstiere gestalten (s. S. 63) oder eine Pusteblumen-Collage erstellen (s. S. 31).

Reflexion: Was hat euch am Team-Erlebnistag besonders viel Spaß gemacht?

Ausblick und Planung: Alternativ zum Team-Erlebnistag einen Team-Entspannungstag oder einen Team-Waldtag (siehe den Band: „Projekte in der Kita – Wald") zusammen erleben.

6. Abschluss

Klanggeschichte

Lernziel: Konzentriert zuhören, einen Text in Klänge verwandeln

Bildungsbereich: Ästhetische Erziehung – Sprache und Literacy – Musik und Instrumentenspiel

Gruppengröße: Kleingruppe

Aktion: Verteilen Sie Instrumente und erzählen die Geschichte vom Wolkendrachen:

„Die Sonne scheint *(Klangstäbe),* die Amsel zwitschert ein Frühlingslied *(Flöte)*. Blumen öffnen ihre Blütenköpfe *(Glöckchen)*. Eine kleine Maus huscht durch das Gras *(über Trommel reiben)*. Aus den Wolken ertönt ein Brummen *(Trommel)*. Der Wolkendrache ist erwacht. Er öffnet sein Drachenmaul und schickt einen Donner *(Trommel)*. Es fallen dicke Regentropfen *(Trommel)*. Der Wolkendrache schickt einen feurigen Blitz *(Becken)*. Die Blumen schließen ihre Blütenköpfe *(Glöckchen)*, die Maus verschwindet im Mauseloch *(über Trommel reiben)*. Der Wolkendrache ist müde und beginnt zu schnarchen *(Trommel)*. Die Sonne *(Klangstäbe)* blickt durch die Wolken, die Blumen *(Glöckchen)* leuchten, die kleine Maus *(über Trommel reiben)* huscht durchs Gras. Die Amsel *(Flöte)* singt ein Schlaflied für den Wolkendrachen." *(Regina Bestle-Körfer)*

Reflexion: Welche Instrumente kommen in der Klanggeschichte vor?

Ausblick und Planung: Die Klanggeschichte vom Wolkendrachen am Abschiedsfest im Kindergarten auf einer Bühne präsentieren.

6. Abschluss

Sonnenübung

Lernziel: Entspannung und Konzentration erfahren

Bildungsbereiche: Körperwahrnehmung und Konzentration – Spielfreude und Kooperation

Gruppengröße: Kleingruppe

Aktion: Die Sonnenübung aus dem Kinderyoga hilft, den Körper zu spüren und zu entspannen:

- „Die Sonne geht am Morgenhimmel auf, deine Finger sind die Sonnenstrahlen." – *die Arme mit gespreizten Fingern über den Kopf heben, Beine leicht grätschen.*
- „Eure Sonnenstrahlen strahlen in alle Richtungen." – *den Körper mit ausgestreckten Armen um die eigene Körperachse drehen, der Kopf geht mit.*
- „Eure Sonnenstrahlen scheinen bis auf die Erde." – *den Körper nach vorne beugen, die Beine durchgestreckt, die Fingerspitzen zeigen zum Boden.*
- „Es ist Mittag. Die Sonne scheint hoch am Himmel." – *die Arme wieder mit gespreizten Fingern* über den Kopf heben, *auf die Zehenspitzen stellen. Die Arme langsam sinken lassen.*

Reflexion: Wie fühlen sich eure Hände nach der Sonnenübung an? Die Augen schließen und nachspüren.

Ausblick und Planung: Die Sonnenübung kann als Ritual vor allen Konzentrationsspielen und Übungen im Rahmen des Vorschulprogramms eingesetzt werden.

6. Abschluss

Kunstausstellung

Lernziel: Stolz auf kreative Arbeiten entwickeln

Bildungsbereiche: Ästhetische Bildung und Gemeinschaftsgefühl – Feste und Feiern

Gruppengröße: Großgruppe

Aktion: Im Rahmen des Schulstart-Projekts haben die Vorschulkinder ihre fein- und grafomotorischen Vorläuferfähigkeiten weiterentwickelt. Dabei sind kreative Arbeiten entstanden, die sie in einer Kunstausstellung ihren Familien präsentieren:

- Rechenmaus und Rechenkette (s. S. 15)
- Tierfiguren aus geometrischen Formen (s. S. 25)
- Stickbilder – Blume, Lolli, Schneckenhaus, Regenbogen (s. S. 41)
- Fingerpuppen-Theater (s. S. 43)
- Tier-Alphabet-Leporello (s. S. 47)
- Bilder von Gefühle-Fischen und anderen Gefühlstieren (s. S. 63)

Reflexion: Auf welche Arbeit bin ich besonders stolz?

Ausblick und Planung: Bieten Sie im Rahmen der Kunstausstellung Basteltische an. Die Kinder basteln mit ihren Familien zusammen weitere Rechenmäuse, Fingerpuppen u. Ä.

R.I.P.

6. Abschluss

Kindergarten-Abschlussfest

Lernziel: Ergebnisse aus dem Schulstart-Projekt präsentieren

Bildungsbereiche: Bewegung und Spielfreude – darstellendes Spiel – Feste und Feiern

Gruppengröße: Großgruppe

Aktion: Die Familien der Vorschulkinder zu einem Kindergarten-Abschlussfest einladen, geübte Lieder und Aktionen vortragen:

- „Das Anlautlied" (s. S. 13), „Trat ich heute vor die Türe" (s. S. 53)
- Bewegungsspiel „Ein Hut, ein Stock, ein Regenschirm" (s. S. 17)
- Fingerpuppen-Theater „Auf Safari ist es schön" (s. S. 43)
- Klatschspiele (s. S. 39)
- Aufführung „Der kleine Pustewind" (s. S. 31)
- Spiellied „Zehn kleine Gespensterchen" (s. S. 77) in Verkleidung
- Klanggeschichte vom Wolkendrachen (s. S. 69)

Reflexion: Welche Aktion im Schulstart-Projekt hat euch gut gefallen?

Ausblick und Planung: Eine Fotowand im Eingangsbereich der Kita oder ein digitales Fotoalbum zur Präsentation der Projektergebnisse erstellen.

Anhang

Lied: Das Anlautlied

Text und Melodie: Markus Schürjann, MS Urmel, Dieter Moskanne
Gesungen von: Simone Sommerland, Karsten Glück & die Kita-Frösche
aus dem Album: Die 30 besten Kinderlieder für den Schulanfang.
www.die30besten.de

A wie Apfel, **B** wie Ball, **C** wie Computer. Das lernt man überall.
D wie Decke, **E** wie Ecke, **F** wie Fuchs und nicht wie Schnecke.
G wie Gabel, **H** wie Hacke, **I** wie Igel, **J** wie Jacke.
K wie Kaktus, **L** wie Leiter. Dieses Lied, das hilft mir weiter.
M wie Mauer, **N** wie Neun. Wer das weiß, der darf sich freuen.
O wie Oma, **P** wie Pakete, **Q** wie Qualle, **R** wie Rakete.
S wie Sonne, **T** wie Tasse, **U** wie Uhr. Das find ich klasse.
V wie Vogel, **W** wie Wand. Wer das weiß, der hebt die Hand.
X wie Xylophon, **Y** wie Ypsilon, Z wie Zahn. Das war's fast schon.
Ä wie Ärmel, **Ö** wie Öse, **Ü** wie Üben, nicht wie böse.
Au wie Auto, **Ei** wie Eis, **Eu** wie Eule, ja ich weiß.
Pf wie Pferd, **Sch** wie Schere, **Sp** wie Spinne, **St** wie Sterne.

Geschichte: Die schlauen Füchse besuchen die Grundschule

Heute ist es soweit. In der Grundschule *In den Weiden* ist Schnuppertag. „Juhu", ruft Paula. „Endlich bin ich ein Schulkind und darf in die Schule gehen." Auch Moritz lacht und singt: „Alle Kinder lernen lesen!" Miriam, die Gruppenerzieherin, begleitet die schlauen Füchse der Kita *Wirbelwind* bei ihrem ersten Besuch in die Grundschule. Am Schultor werden die schlauen Füchse von der Schulleiterin Frau Schmidt und einer Gruppe älterer Kinder aus der dritten Klasse mit einem Lied begrüßt. „Wie schön, dass ihr uns besuchen kommt." Frau Schmidt begrüßt die schlauen Füchse und bittet alle ihre Namen zu sagen. „Ich stelle euch nun eure Paten vor. Sie werden euch auf unserem Rundgang durch die Schule begleiten." Paula findet ihre Patin Leonie mit den langen dunklen Haaren ganz doll nett und möchte an ihrer Hand gehen. Im Schulsekretariat sieht es aus wie in einem Büro. „Das ist ja langweilig", stöhnt Max, bis er den Schulhund Flocke in seinem Körbchen unter dem Schreibtisch entdeckt. „Ein Hund!", ruft Max erstaunt. Die Sekretärin Frau Aberle bittet die schlauen Füchse leise zu sein, um Flocke nicht zu erschrecken. Ganz

still werden die schlauen Füchse und beobachten Flocke in seinem Körbchen. In den Klassenräumen sind viele Kinder. Sie schreiben, rechnen und lesen, was man in der Schule so macht. In der 1a dürfen die schlauen Füchse mit im Stuhlkreis sitzen und zusammen *Obstsalat* spielen. Da ist was los im Klassenzimmer und die schlauen Füchse spielen alle mit. Danach begleiten die Patenkinder die schlauen Füchse in die Turnhalle. Dort ist ein Bewegungsparcours aufgebaut und die schlauen Füchse haben viel Spaß. Der Schnuppertag in der Grundschule vergeht viel zu *schnell, da sind sich alle einig.*

Regina Bestle-Körfer

Zehn kleine Gespensterchen

(Text: Regina Bestle-Körfer, Melodie: Zehn kleine Zappelmänner)

Zehn kleine Gespensterchen tanzten um sich zu freun',
eines wurde müd' davon, da waren's nur noch neun.

Neun kleine Gespensterchen flogen durch die Nacht.
Das eine flog zur Eulenburg, da waren's nur noch acht.

Acht kleine Gespensterchen wollten Schränke schieben.
Das eine hat sich die Hand geklemmt, da waren's nur noch sieben.

Sieben kleine Gespensterchen malten einen Klecks.
Eines wurde grün davon, da waren's nur noch sechs.

Sechs kleine Gespensterchen flogen ohne Strümpf.
Das eine wurde krank davon, da waren's nur noch fünf.

Fünf kleine Gespensterchen kämpften mit 'nem Stier.
Das eine hatte Angst bekommen, da waren's nur noch vier.

Vier kleine Gespensterchen kochten Haferbrei.
Doch eines wollte Erdbeereis, da waren's nur noch drei.

Drei kleine Gespensterchen, die machten ein Geschrei.
Einem wurde es zu laut, da waren's nur noch zwei.

Zwei kleine Gespensterchen radelten durch Mainz.
Das eine hatte Muskelkater, da war es nur noch eins.

Ein kleines Gespensterchen, das wollte schlafen gehen.
Da kamen alle neun zurück, da waren es wieder zehn.

Massagegeschichte

Es ist Nacht. Der kleine Igel schläft eingerollt in seinem Blätterbett *(mit beiden Händen leicht über den Rücken streicheln)*. Er träumt einen schönen Traum: Ein Stern ist vom Himmel auf die Erde gefallen, genau auf den Rücken des Igels *(einen Stern auf den Rücken malen)*. Das Sternchen hüpft aufgeregt über den eingerollten, schlafenden Igel *(mit den Fingerkuppen sanft über den Rücken tippeln)*. Das Sternchen wundert sich, wie weich die Igelstacheln sind *(sanft über den Rücken streicheln)*. Am Himmel entdeckt das Sternchen den Mond und seine Sternenfreunde und -freundinnen. Es winkt ihnen zu. Da fällt ein wunderschöner Sternenregen hinab zur Erde *(viele Sterne auf den Rücken malen)*. Die Sterne bleiben auf dem Rücken des Igels liegen und decken ihn zu *(beide Hände auf dem Rücken ruhen lassen und die Wärme der Hände spüren)*.

Regina Bestle-Körfer

Auf Safari ist es schön

Auf Safari ist es schön,
wir wollen wilde Tiere mit sehn.
Wir schleichen leise Schritt für Schritt
und nehmen alle mit.

Ein **Zebra** galoppiert herbei,
erst eins, dann zwei, dann drei.
Und plötzlich jagt die wilde Herde
im Sauseschritt vorbei.

Auf Safari ist es schön…

Ein **Löwe** springt aus dem
Versteck – huaaa!
Erst einer, zwei, dann drei.
und plötzlich jagt ein
ganzes Rudel
im Sauseschritt vorbei.

Auf Safari ist es schön…

Giraffen stelzen steif vorbei mit
ihrem langen Hals.
Erst eine, zwei, dann drei.
Und plötzlich stelzt die ganze Herde
im Sauseschritt vorbei.

Auf Safari ist es schön…

Ein **Elefant** kommt angerannt,
erst einer, zwei, dann drei.
Und plötzlich rennt die ganze Herde
im Sauseschritt vorbei.

Auf Safari ist es schön…

Affen rasen durch die Steppe und
machen ein Geschrei,
erst einer, zwei, dann drei.
Und plötzlich saust die ganze Horde
im Sauseschritt vorbei.

Auf Safari ist es schön…

(Regina Bestle-Körfer)

Tanzlied für Kinder

Text: Christel Süssmann, Melodie; Heinz Lemmermann

3. (Melodie 1): Max, der Esel und die Schweine
tanzten sehr vergnügt zu dritt.
Selbst die dicke Kuh Babette wiegte sich im
Walzerschritt.

4. (Melodie 2): Mieze bellte, Karo schnurrte,
und die Ziege auf dem Mist
Krähte sich die Kehle heiser, weil doch heute
Fastnacht ist.

Weiterführende Literatur

Benn/Sauerborn: Bildermaus – Geschichten vom ersten Schultag; Loewe 2021

Bestle-Körfer: Projekte in der Kita – Ich-Du-Wir; Herder 2023

Bestle-Körfer: Projekte in der Kita – Wald; Herder 2019

Bestle-Körfer: Projekte in der Kita – Schulstart; Herder 2020

Bingler: Sprache und Motorik fördern mit einfachen Reimen zum Sprechzeichnen: Für Kita und Anfangsunterricht; Verlag an der Ruhr 2020

Heger/Voigt: Bildermaus – Der beste erste Schultag; Loewe 2018

Lemmermann/Süßmann: Trat ich heute vor die Türe. Fidula-CD 4401 „Tanzlieder für Kinder"; Fidula-Verlag 1996

Mattiangeli/Nikolova: Ein Museumstag; Bohem Press 2021

Pauli/Kisch: Geschickte Hände – Handgeschicklichkeit bei Kindern; verlag modernes lernen 2019

Ruhe: Füße hüpfen, Stifte tanzen; Don Bosco 2017

Stamer-Brandt: Projektarbeit in der Kita; Herder 2018

Suhr: Sätze rollen – Wörter fliegen: Bewegte Sprachförderung in Kita und Grundschule; Don Bosco 2021

van Hout: Heute bin ich; aracari 2012

Autorinnenvita

Regina Bestle-Körfer ist Autorin und Diplom-Sozialpädagogin. Seit über 20 Jahren schreibt sie Beschäftigungsbücher für den vorschulischen Bereich und ist in der Beratung Übergang Kita-Grundschule in einem Schulamt tätig.